난각번호 1번

김주경 시집

가히 시선 013   김주경 시집

난각번호 1번

가히

시인의 말

완벽한 각 10시 8분 35초를 위해
초침은 43,200번 날개를 퍼덕인다.

그 날갯짓을 기억하며
나는 나를 필사한다.

2025년 5월
김주경

차례

시인의 말

제1부

바람흔적미술관 · 13
공간 · 14
민달팽이 · 15
자작나무 숲에 들다 · 16
우리 동네에는 커피공장이 있다 · 17
불멍 · 18
불멍 · 19
매미, 무음無音에 들다 · 20
수구레국밥 · 21
피정에 들다 · 22
커튼콜 · 24
겨울 주남지 · 25
어싱earthing · 26
아침이 핀다 · 27
모르고 싶은 남자 · 28

제2부

무화과 · 31

마블링 · 32

어싱earthing · 33

난각번호 1번 · 34

난각번호 1번 · 35

난각번호 1번 · 36

ㅋㅋㅋ의 배후 · 37

꽃의 연대기 · 38

파破 · 40

노을에 스미다 · 41

우리의 아침은 달콤하다 · 42

봄날의 에피소드 · 43

도둑이 아니라는데 · 44

잔도공 · 45

오름길 고사목 · 46

제3부

캐리어의 다른 이름 · 49

독감 · 50

그래서 가을 · 52

장마 · 53

기러기, 날개 접다 · 54

카톡 프사 · 55

사람이 꽃이다 · 56

몽돌 · 58

성찬 · 59

흑심 · 60

빗살무늬 붉은 밤 · 61

패러독스 · 62

씨감자 · 63

천기누설 · 64

제4부

포스트잇 · 67

나비, 나비잠, 나비 다리 · 68

가시 돋는 밤 · 69

즐거운 파동 · 70

거꾸리의 꿈 · 71

여름 감기 · 72

별자리를 읽다 · 74

은밀하고 위대하게 · 75

천사 & 전사 · 76

1월 · 77

다시, 분홍 · 78

묵화에 기대어 · 79

얼음새꽃 · 80

황사 · 81

무화과 2 · 82

제5부

임플란트 · 85

매미 · 86

호박문학교실 · 87

이젠 버리자 · 88

마음으로 읽는 맛 · 89

물숨 · 90

그게 뭐라고 · 92

안개병원 605호 · 93

낀거 아님 · 94

커피와 가로수길 · 95

연煙꽃이 핀다 · 96

가고파 꼬부랑길벽화마을 · 98

로드킬 · 99

마스크 · 100

해설 쓰는 일의 통증, 존재의 아름다움 · 101
김효숙(문학평론가)

제1부

바람흔적미술관

바람이 바람을 밀며 산길을 올라간다
바람이 바람을 업고 산길을 내려온다
바람이 퍼질러 앉아 후후, 바람개비 돌린다

바람의 흔적을 채집해 온 사람과
바람의 흔적이 궁금한 사람들이
바람의 흔적에 들앉아 바람이 되어가는

여기는 바람왕국 누구나 바람백성
바람으로 머물거나 바람으로 스치거나
바람과 닿은 인연 모두
바람의 흔적이다

공간
— 이우환미술관

색을 버려 한 몸이 된 해거름 표정처럼
둥글고 투명한 날빛의 말씀들이
잡념의 곁가지를 자른
말줄임표로 탱글하다

때로는 좌표를 벗어난 시선들이
오독과 난독의 설전을 청해 와도
비우면 다 보인다고
시치미를 뚝 떼고

그곳에 닿기 위해 나도 나를 비우고
드문드문 침묵 사이 곁불 쬐듯 앉는다
우주를 돌아온 바람
막돌로 들어앉은

민달팽이

별을 본다는 건 하늘을 본다는 것
하늘을 본다는 건 고개를 들었다는 것

잘했다
이렇게 쉬운 걸 왜,
바닥만 섬겼을까

직립을 배우지 못해 생은 자꾸 흔들리고
처세술도 모른 채 곧추세운 두 개의 뿔

맨발로 걸어온 문장만이
첨삭 없는
자서였다

자작나무 숲에 들다

생의 무늬 다 드러난 자작나무 숲에 든다
소란으로 반짝이던 푸르른 한때가
다 비워 흔들림 없는
적요로 눈부시다

잉걸도 마다하던 흑백의 감정들이
쓸쓸해서 환한 은비늘로 다시 피어
또 한 겹 무늬가 된다
자작의 이력이다

우리 동네에는 커피공장이 있다

잠을 터는 이른 새벽
나른한 오후 2시
창만 열면 코끝까지 막무가내 다가와
'넌 내겐 언제나 TOP야'*
흐린 나를 깨운다

악마의 유혹에 첫 입술을 빼앗긴 뒤
표정 없는 고백에도 무시로 뜨거워져
달고 쓴 생의 등고선
황금비율로 달래던

어제의 고소한 맛
오늘의 씁쌀한 맛
무작위로 전송되는 금기의 그 향기에
가득히 취해보는 호사
오늘 밤도 불면이다

---

*커피 광고 카피의 변용.

불명

화엄을 꿈꾸던 나무의 일기장이다
비바람의 무용담과 웃음 헤픈 푸른 잎이
어둠을 캔버스 삼아 비다듬어 펼쳐놓은

겹겹의 눈부처로 일렁이는 문장은
읽을수록 깊어지는 심연 속 우두커니
떠돌던 몇몇 동사가
흰 날개를 접는다

오래 익혀 시울이 말랑해진 속말들
모서리 궁굴리며 나붓나붓 안겨들면
좀처럼 삭지 않던 망상도
스르르 결을 푼다

불멍
—개미들

지금 나는
쿨럭이는 불씨와 대치 중입니다
눈 한번 깜빡일 수 없는 초접전 긴장감
단단히 표정을 굳히고
묵언도 장착합니다

'무릎에서 사서 어깨에서 팔아라'
밑불만 쌓여가는 손바닥 객장에는
쉼 없이 몸을 바꾸는 감정 없는 변곡점뿐

좀처럼 발화되지 않는 온도 미달 쏘시개로
또 하루 저물도록 푸른 한숨 깨물다
우두둑 무릎을 펴 봐도
어깨는 이미 사라졌습니다

매미, 무음無音에 들다

일생이 곡비였던 울음의 저 고갱이

기척을 접어두고 무음 속에 들었다

계절이 들고 난 길목에 징검돌로 놓인 주검

열흘쯤 절절 끓인 구애의 문장들은

왔던 길 되돌려서 어둠으로 봉인하고

둥지 튼 참나무 옹이에 묘비명을 새겼다

수구레국밥

코 박고 들이켜야 제맛을 느낀다는
뜨끈하게 말아낸 인심 좋은 뚝배기에
초식의 헐한 셈법이
넘칠 듯 끓고 있다

껍질도 속살도 아닌 어중간한 몸피들이
일생을 되새김질한 우직한 고집들이
몇 점의 선지를 품고
구수하게 풀어져

처음 만난 인연도 총총히 둘러앉으면
마지막 한 점까지 그득한 진국이라
벌겋게 김 오른 이마
송골송골 뿔이 돋는다

피정에 들다

한눈판 찻잔에서 끓던 물이 쏟아졌다

수다에 턱을 괴던 발등이 펄쩍 뛰자

비명과 비명이 부딪혀

꽃불이 번졌다

달짝지근 수다가 맥없이 끊어지고

몇 마디 위로마저 혀를 차며 흩어지고

자책은 소용돌이치다

생살 위에 풀썩이고

아뜩한 쓰라림이 똬리를 틀고 앉아

물집의 누드화를 느릿느릿 완성한 뒤

이참에 피정에나 들자며

글썽이는 붉은 발

커튼콜

밤하늘 별자리 따라 바람처럼 떠돌던
치렁치렁한 과거는 꼬리가 되었다
몇 소절 짧은 춤사위로
거리에 선 바일라오라*

활짝 펼친 드레스 제빛을 잃어가고
두꺼운 화장 아래 쥘부채로 감춰둔
겹겹의 거친 주름살도 바닥으로 흐르는데

1유로면 허락되는 인증사진 배경으로
정열은 열정적으로 하루를 버텨간다
세상을 겨눈 꼿꼿한 손끝
끝나지 않은
커튼콜

―――――

*플라맹코 여자 댄서.

겨울 주남지

주남의 하늘에선 바람을 조심하자

제 갈 길만 고집하는 너무 많은 날개들로

빠지면 헤어나올 수 없는
소용돌이 지천이니

없는 날개를 펼쳐 종일을 날았다고

친구가 찍어 보낸 카톡 속 바람들이

무작정 회오리친다
이미 나는, 주남이다

어싱earthing
— 할머니들

얼굴은 안 보이고 굽은 등만 분주한
동네 가운데 공터는 사시사철 푸름이다
귀퉁이 일구던 손으로 계절까지 접수했다

다시는 안 볼란다
팽개쳤던 호밋자루
흙 떠나 어찌 사누
맨발로 달려왔다
요만한 밭뙈기쯤이야
내공이 무량이다

오가는 정담은 찰진 거름으로 휘묻고
불볕은 툭툭 분질러 싹 틔우고 열매 달고
날마다 쓰는 자서전
행간 가득 꽃물이다

아침이 핀다

바람의 움직임이 신중해지는 시간이다
새들의 얕은 잠도 행여 다치지 않도록
어둠과 빛을 체질해
여명을 빚어야 한다

아직은 어둠의 농도가 더 짙다며
10분만, 5분만, 알람은 혼자 울고
경계를 지우는 새벽
걸음이 바빠진다

표정을 갖지 못해 어둑한 골목길에
능숙한 몸짓으로 하루를 시작하는
사람의 둥근 어깨로
붉은 아침이 핀다

모르고 싶은 남자

둥치 굵은 남자 목이 반 너머 꺾어졌다
어수룩인지 어리숙인지 외통수에 걸려서

한 번에 무너졌단다
한 방을 믿었던 꿈

청춘의 한때라면 바닥치고 오를 텐데
경계성 계절의 끝물에 앉은 노을

변명의 파장이 길었다
사라진 배후처럼

은퇴 후 몇 번이나 고쳐 쓴 버킷리스트
새로 산 캐리어에 빼곡히 채운 약속

잊으라, 잊으라 한다
모르고 싶은 남자가

제2부

무화과

꾹 다문 다섯 살의 울음이 아슬하다

일 나간 엄마 발소리 저물도록 귀 모으다

담장을 넘을까 말까

붉어지는

울음통

마블링

나는 아직 꿈속인데
기지개 켜는 당신
아늑하고 견고한 어둠을 빠져나가
서둘러 불을 밝힌다
잠든 TV도 깨운다

목청을 높여가는 사사건건 뉴스와
출처가 모호한 지나간 루머들이
서로의 말꼬리 잡고 팽팽히 접전 중이다

제발 좀 누군가 저 입을 막아줬으면
체위를 바꿔가며 토막잠을 당겨봐도
무너진 등과 등의 경계
기척만이 날카롭다

어싱 earthing

앞산공원 산책길이 때아닌 성황이다

소문에 끌려와 단골이 된 맨발들

나무와 단짝이 되어 뿌리내리는 중이다

맨발이 그리웠던 우린 모두 흙의 연대

말똥구리 보법으로 지구를 굴린다면

자전의 기울기만큼 내일이 둥글어질까

부정맥의 하루가 경배하듯 딛고 가는

지구 저편 파장인 듯 만개하는 웃음소리

황톳빛 전언을 읽는 후기들이 경쾌하다

난각번호 1번
―부화

가장 깊은 몸속에 심장을 묻었네
햇덩이를 삼켰다는 태몽의 기운으로
난생의 오래된 문장
발아를 시작하네

무골의 세상에다 잔뼈를 키우느라
옹골찬 꿈의 자리 수위가 높아지고
미생의 마지막 증언처럼
날이 서는 목울음

눈 뜨는 모든 순간 날개가 생긴다고
줄탁의 고행으로 나를 깨운 어머니
민숭한 젖은 어깨에 벌써
바람이 깃을 펴네

난각번호 1번
—꿈

문밖에 한 바구니 아침이 도착했어요
한 바구니 목청과 한 바구니 날개와
마당을 구석구석 누벼온
한 바구니 햇덩이

가로세로 겹겹이 불신의 벽에 갇혀
호명되는 숫자로만 인식되는 관계들
1번은 내가 선택한
마지막 꿈자리죠

나른한 새벽잠에 목청을 높여가며
고소하게 익어가는 하루치 둥근 기도
비로소 날개가 돋는지
등이 점점 뜨거워요

난각번호 1번
—폐업

동물복지 자연방사
내겐 과한 사치였나

—주문하신 1번은 폐쇄된 요람입니다

무용한 날개는 꺾고
엉덩이만 남겼단다

ㅋ ㅋ ㅋ의 배후

느닷없는 자음이 쿡,
행간을 찌른다
보풀거리는 수다에 추임새를 넣으며
문장을 조리질하는
난만한 저 표정

내 말이 웃긴 건지
함께 웃자는 건지
처음과 끝자락을 날렵하게 오가며
소통의 경계를 지우는
가볍고도 당돌한

꽃의 연대기

경계 없는 계절 사이
순서 없이 꽃이 핀다

개나리와 진달래와
벚꽃이 한통속처럼

서로가
서로의 배경으로
연대를 이루었다

한 숨결로 이어진
꽃의 연대 읽으며

딸과
딸의 딸과
딸이었던
나도

모처럼

한통속이 되어

피의 연대 이룬다

파破

지난밤 느닷없이 책장이 주저앉았다
헐거워진 관절 탓인가
용량초과 시집 탓인가
아둔한 나의 셈법이 바닥에서 뒹군다

깜냥껏 밑줄 그은 숱한 밤의 지문과
눈 맞춰 모셔놓은 죽비 같은 시집들
꽉 눌려 견딘 시간을 날개처럼 펼쳤다

행간 속에 요약된 시인의 겨운 삶이
핑계처럼 쌓아둔 미련함을 나무라듯
구겨진 갈피 사이로 파랗게 눈을 뜬다

노을에 스미다

한때는 습관처럼 동쪽만 흠모했네
들뜬 걸음걸음 파란만장을 자양분 삼아
사나운 파도와 작살 볕을
종교처럼 섬겼네

청춘의 푸른 등을 징검징검 밟으며
섣부른 열정들이 혁명처럼 차오르던
바람의 시간이 하나 둘
경계를 지울 무렵

가마솥 잔불처럼 은근해진 서녘에서
애썼다, 애썼다며 낯선 손을 잡아준
꽃물 든 만평 안부에
가던 길을 놓치네

우리의 아침은 달콤하다

동살 드는 어둑새벽 고구마를 굽는다

겨울밤의 냉기와 깊은 허기 털어낼

실하게 여문 놈을 골라 냄새부터 익힌다

서리가 내릴 때까지 땅속에 웅크렸다

불끈 쥔 주먹같이 돌올해진 녀석을

뜨거운 돌판 위에다 노릇노릇 굴린다

단순하고 맹목적인 내 사랑의 방식으로

다급한 출근길을 막무가내 막고서

단물이 흐르는 아침을 그득그득 물린다

봄날의 에피소드

한 번도 본 적 없지만
한눈에 알아봤다
막 움튼 새순같이 설핏한 실루엣으로
나른히 봄볕에 안겨 졸고 있는 꺼병이들

느닷없는 발소리에 화들짝 까무러쳐
꽁지가 빠지도록 뛰어도 제자리다
아찔한 그 재롱에 그만
덥석 잡은 꽁지 끝

그 순간 살기 품고 날아드는 비수 하나
제 새끼 목숨 위해 제 목숨 장전하고
봄날의 실없는 객기를
서늘하게 베고 간다

도둑이 아니라는데

뒷산에서 품어 온 제비꽃 한 무더기
발톱 뽑고 이빨 뽑고 성대도 잘라내고
야생의 때깔 벗겨내니
함초롬히 방글댄다

아침저녁 눈 맞추며 내 것이라 흐뭇한데
지난밤 기척도 없이 가운데가 패였다
아뿔싸 도둑 들었네
앙큼스런 꽃도둑

꽃도둑은 도둑이 아니라는데 어쩌자고
스치는 얼굴마다 제비꽃을 겹쳐놓고
봄 내내 원형탈모증을
앓고 또, 앓는지

잔도공

아득한 저 하늘이 전장이고 침실이다

그림자도 오지 않는 적막한 허공에서

믿을 건 겹겹이 엎드린 바람과 구름뿐

흔들리는 삶은 늘 벼랑으로 기울고

발아래엔 무성하게 자라나는 크레바스

가난은 두려움을 건너는 유일한 징검돌이다

새로운 길 하나가 무르익을 때까지

날이 선 땡볕은 허공을 발라내고

마침내 휘어지는 여윈 등, 날개가 완성된다

오름길 고사목

입산금지 닷새 만에 금줄이 풀렸다
오래 참은 설렘으로 걸음보다 앞선 맘들
서둘러 파락호처럼
숫눈을 품어본다

한결같은 구상나무 사철 푸른 얘기도
할 일은 다 했다고 생을 놓은 설해목도
순백의 행간을 채우는
신기루만 같은데

기다림이 업이라면 천년도 찰나일 듯
서로에게 스미다 하루씩 희미해져
가볍게 떠나도 좋겠다
오름길 고사목

제3부

캐리어의 다른 이름*

하늘 문도 열린다는 폭염 속의 유월
오늘은 여행하기 참 좋은 날씨구나
입이 큰 캐리어를 끌고
상냥한 새엄마가 왔다

여행은 즐거운 것 꿈이라도 꾸어보렴
단단한 어둠 속에 작은 몸을 묻었다
줄탁을 기다리는 새처럼
마두금에 기댄 낙타처럼

접혀진 관절을 한 번 더 접어봐도
잔혹한 동화처럼 껍질만 남은 숨결
아무도 귀 기울이지 않았다
얼룩진 기도 한 줄

---

*2020년 6월 1일 천안에서 9세 아이를 캐리어에 감금해 사망하게 한 아동학대 사건.

독감

마디마다 덩굴 뻗는
오한의 뿌리들

몇 날은 사막 같고
몇 날은 가시밭 같아

얽히고
얽힌 숙주들
속수무책 뜨겁다

불면의 벽에 갇혀
혼자 끓는 붉은 밤

처방전을 비웃으며
신음 소리 웃자라도

통증은
필사할 수 없는

몽환의
기록일 뿐

그래서 가을

온종일 욱신대는 정체불명 통증은
함부로 몸을 부린 계절의 항변인지
경로를 벗어난 마디마디
울음들이 붉다

예감된 징후들로 그림자는 기울고
다비식 치르듯 불가마가 지펴지고
사나운 무두질에 놀란
혈자리도 술렁이고

부적처럼 기댄 몰약 또 하루 버텨내며
좌표를 찾지 못해 불안한 내일에게
늦은 밤 허깨비로 앉아
반성문이나 써보는

장마

단계별로 진화하는 불안한 징후들이
유모차에 기대던 굽은 등을 수습하고
골목을 오가던 안부
그림자를 지웁니다

어제를 필사하는 빗방울의 지문은
익숙한 듯 벽 너머로 문장을 옮겨가고
한 평 반 풍경의 경계마저
기어이 무너집니다

달력 속에 붙박인 약속 없는 내일
TV에 저당 잡힌 불면을 다독이며
몇 줄의 리모컨 숫자를
마니차처럼 돌립니다

기러기, 날개 접다

그 남자의 사인은 유전자 변형이다
화려한 비상이 보장된 날개라며
방치될 외로움 따위
사치라고 장담하던

유전의 방향마저 외통으로 꺾으며
제 몫의 꿈을 안고 아이가 날아간 뒤
호언은 허언이 되어
빈 둥지를 앓았다

날고 싶은 일념으로 천장 가까이 몸을 걸고
지겨웠던 혼밥과 혼술과도 작별한
어둑한 남자의 심장
콩자반처럼 굳어갔다

카톡 프사

십수 번 셔터 끝에 겨우 건진 인생샷

보정과 편집 거쳐
시침 떼고 걸어두니

무색한 원판 불변의 법칙

나보다 더 나인 듯

사람이 꽃이다

1.
봄날의 경화역엔 사람도 꽃이 된다
풍경을 가득 채운 연분홍 꽃말들로
만취한 걸음의 파동
펑펑 터진 환호성

2.
약속처럼 봄은 와 가지마다 지절대고
인적 없는 역사에 꽃부림 한창인데
무관중 갈라쇼인 듯
표정들이 밍밍하다

3.
이제야 알 듯하다
꽃자리의 배후를

축제에 기대보는 봄날의 위안처럼

꽃잎도 어깨 한번 툭, 쳐주는

사람의 온기로

핀다는 걸

몽돌

다시 올게,
거품 같은 언약도 천명인 양

기다림도 그리움도
오달지게 키웠구나

해변을 빼곡히 채운
여여如如의 극점들

절반은 파도가 또 절반은 바람이

갈퀴진 맘 다독이길
하루에도 수천 번

무량한 시간의 숭어린가
흠도 결도 다 삭았다

성찬

두 볼이 미어지는 초복의 밥상이다

가지무침 오이냉국 땡초 듬뿍 부추전

욕심껏 쌓아 올려도

무겁지 않은 상추쌈

삼복을 견디려면 한 마리쯤 잡아야지

뼈 있는 어깃장에 수박 한쪽 물려주면

스르르 힘 빼는 열대야

체관 깊이 푸름푸름

흑심

발표 전 작품을 보내오는 지인 있다
원고지와 나란히 연필 한 자루 함께 온다
흑심을 품고 오는 시
번번이 무너지는 나

빗살무늬 붉은 밤

어둠은 견고했고 기다림은 길었다
부챗살 불빛 아래 반가사유 저 여인
빈낭*의 아찔한 유혹이
등대보다 쓸쓸하다

태양과 바람과 소나기를 견뎌온
한 곽에 50元 암호 같은 푸른 안부
은근한 수작이 건너오는
불온한 밤이었다

오늘 만난 우리는 몇 겹의 인연인가
졸음을 핑계로 얼룩진 입술을 닦고
어둠이 수습될 때까지
붉은 죄를 고백했다

---

*빈낭: 타이완의 길가에서 여인들이 팔고 있는 푸른색 열매로 각성제의 일종이다. 씹으면 붉은 즙이 나오며 졸음방지 효과가 있다고 한다.

패러독스

약속은 없었지만 여긴 분명 땅콩밭

몇 줌 뿌린 땅콩보다 바랭이가 더 많아도

콩꽃의 은밀한 잠행은 혁명보다 치밀했으니

한 톨은 새를 주고 한 톨은 벌레 주어도

나머지 한 톨마저 내 것이 아니라며

떼 지어 스크럼 짜는 지상의 무법자들

잘라도 뽑아도 메두사의 머리처럼

발칙하게 채워지는 질량불변의 법칙

초록은 동색이 아니었다, 모순이 된 공멸일 뿐

씨감자

어둠이 깊을수록 눈은 점점 밝아졌다
날마다 실전처럼 시위를 당겼다
대륙을 정복하리라,
광대한 꿈을 키웠다

전운을 감지한 눈빛이 뜨거웠다
출정의 신호탄이 칼금을 그었다
맹독을 품은 전사들
시퍼런 창을 높였다

천기누설

앞을 가린 황사 속
길을 여는 현수막

'갓 신 내린 별꽃동자 1인당 1만 원'

천기를 훔쳐준단다
단돈 1만 원이면

봄날의 서릿발 같은
오늘은 위태롭고

무리수로 다가오는
내일은 불안한데

장물로 나온 저 동아줄
눈 딱 감고
잡아볼까?

제4부

포스트잇

잎도 없이 피는 꽃은
문체도 간결하다

반역을 꿈꾸는
밀서처럼 은밀하게

출전의 신호탄처럼
비장하고 단호하게

나비, 나비잠, 나비 다리

1.
꽃길로 산책 나온 어린이집 아이들
꽃 이름은 몰라도 마냥 신난 걸음으로
웃음에 날개를 단다
봄날의 나비, 나비

2.
졸음이 내려앉아 말랑해진 오후 1시
동화 속 나라엔 한낮에도 별이 뜨지
두 팔을 활짝 펼친다
꿈길 가는 나비잠

3.
동그랗게 모여서 무릎을 접어보자
양반다리 아니야 아빠 다리 아니야
다 함께 꽃길 걸어가는
우린 이제 나비 다리

가시 돋는 밤

잠을 놓쳐 뒤챈 밤은 뒤끝이 길어서
몇 번씩 이어붙인 꿈길도 못 더듬고
물러진 나의 하루에
주석만 늘여갔다

한겨울 서슴없이 꽃대 올린 붉은 장미
당찬 그 붉음이 내게로 흐른다면
가시만 돋친 어둠도
향기롭다 설렐 텐데

궁리를 거듭해도 불면은 늘 그 자리
마땅한 처방전 없이 미로를 헤매나
길고 긴 양의 행렬만
하염없이 세어본다

즐거운 파동

곁가지 모두 자른 2월 풍경 속으로
목욕 마친 아빠와 아들 모락모락 들어온다
갓 헹군 발자국들이
물수제비뜨듯 가볍다

트로트 휘파람을 덤으로 찰랑이며
구어체로 다가오는 싱그러운 저 파동
은근히 불땀도 올리는지
우듬지가 뭉클하다

거꾸리의 꿈

오래 견딘 통증이 발자국을 거두었다
초원을 누비며 주름잡던 관절은
직립에 발목이 묶여
가뭇하게 굳어졌다

거꾸리에 선다는 건 머리를 낮춘다는 것
바닥 가까이 내려와 겸손해진 눈빛으로
길게 편 생의 좌표에 말랑하게 눕는다는 것

5분이면 충분한 무중력 아크로바트
들숨과 날숨 사이 굳은 혈이 풀어지면
하늘을 걸어서 나온
말랑해진 내일이다

여름 감기

창밖은 너무 위험해
덧문을 당겨놓고

몸속에 범람하는
유빙들을 세어본다

눈금을
읽는 순간에도
자라나는
통증들

개만도 못한 건가
개보다 못한 건가

짧은 밤 쩔쩔 끓는
열대야의 붉은 치욕

또 한 번

탈태를 건너서
환골을
완성한다

별자리를 읽다

7전 8기 신화에 저당 잡힌 청춘이
뜬눈으로 지켜온 옥탑이란 별자리
칸칸이 저며진 시간
벼랑보다 위태하다

변신을 재촉하는 기도가 길어질수록
희망은 유배되어 어둠에 몸을 묻고
숫자만 쌓여가는 이력서
눈칫밥에 목이 멘다

며칠 전 추락한 날개 없는 별 하나
허공으로 날아간 별똥별의 새 주소도
결국은 옥탑보다 높다고
쉬쉬하던 뒷소문

은밀하고 위대하게*

퇴화의 징후는 은밀하고 위대했다
통뼈라고 자부하며 숲만 보고 걸었는데
몸속에 옹이가 자라
마디째 무너질 줄이야

가장의 길 벗어나면 꽃길만 걸으리라
믿음은 도끼가 되어 걸음마다 통증이다
무심을 숙주 삼아서
몸 키운 황색인대

한번은 속아줘도 두 번은 어림없지
회유와 타협으로 은밀하고 위대하게
우뚝 선 통뼈의 기상
영웅담이 자란다

---

*영화 제목.

천사 & 전사

세 살 손녀가 콩, 넘어졌다
심장에 쩍, 금이 간다

치솟는 피의 계보
비명 먼저 달리는데

어렵쇼?
단풍 든 손을 톡톡,
가던 길을
그냥 가네

1월

빈 벽을 채우기엔
직소 퍼즐이 그만이지

밑그림이 없다면
무릎부터 꿇고서

소소한 일상이라도
귀하게 받들어야지

다시, 분홍

백 년을 넘겼다는 둑방길 왕벚나무
다시 올 절정 향해 꽃부림 한창이네
단 한 번 망설임 없는
한결같은 저 맹목

올해는 대세라고 분주해진 벚꽃 머리띠
한철 사랑에도 기꺼이 몸을 던져
겹겹이 출렁이는 봄
하염없는 분홍이네

묵화*에 기대어

하루에 딱 네 번 마을버스 들어온다
서슬 푸른 청춘은 도시에다 모두 쏟고
뼈마디 덜컥거리며
고향 길을 에돈다

버스나 승객이나 조금씩은 결이 낡아
시간을 내려놓고 고갯길 넘어가는
코 고는 소리가 높다,
볼륨 낮춘 안내방송

---

*김종삼 시인, 묵화墨畫.

얼음새꽃

도둑눈에 아름나무
가지 툭툭 부러진 날

어깨 좁은 계곡물
등뼈마저 갈린 날

그까짓
뭔 대수냐고 방긋,

언 땅 뚫은
봄 한 송이

황사

마스크 뗀 꽃들은 몸단장 한창인데
어쩌나, 해묵은 고질병이 도지는지
혈담을 뱉어내는 하늘
낯빛이 핼쑥하다

다국적 미립자에 점령당한 봄의 축제
만개한 꽃의 시간 물색없이 저물어
생각이 깊어진 처방전
마스크를 다시 씌운다

무화과 2

한여름 불볕 속에 무소불위 자라난
시퍼런 독백들이 송글송글 익어간다
덤으로 얹은 다산의 꿈
은밀했던 눈빛까지

남몰래 은혜하던 별 하나 품었을까
수천 년 붙박였던 밤하늘 별자리가
지상의 작고 푸른 적소에
태를 벗고 들앉았다

꽃이라 고백해도 무화라고 불리던
봉인된 표정 위로 실금이 번지더니
산통이 시작되려나
술렁이는 꽃타래

제5부

임플란트

언젠가는 찾아올 예견된 이별이라면
질척한 연민 따윈 미련 없이 지우고
잘 가라 첫사랑이여
가볍게 돌아서야지

지상에서 가장 단단한 뿔 하나를 빌려와
옛 추억 들키지 않게 다시 품은 내 사랑
이제는 흔들리지 않으리
한 몸인 듯 살아야지

매미

안녕하신가요, 그대?
닫힌 창이 들썩인다

거듭되는 안전문자
혼자서 끓인 속을

신명 난 안부 한 소절로
말끔하게 씻어주고

불안과 불신으로 불통이 된 사람 사이

소통의 난장 펼쳐
목청 돋운 감성 장인

비대면,
완강한 요새도
자란자란 젖는다

호박문학교실*

기우뚱 그림자쯤 흔들려도 괜찮아
도도하게 구르는 아폴론의 수레같이
환하게 걸어오는 휠체어
호박문학 시인들

예고 없이 찾아온 세상과의 단절 뒤엔
꾹꾹 누른 분노와 억울함이 가득해도
헤프게 울지 않는 건
남은 꿈이 있기 때문

찬 서리 내린 들판 풍경 모두 스러져도
마지막 기노저럼 세 빛깔을 다듬는
한 덩이 잘 익은 가을이다
뜨겁고도 달콤한

―――――
*장애인 복지관 문예창작교실.

이젠 버리자

칸칸이 울음뿐인 장례식장 안내판
가늠 못 할 세세한 사연은 묵인한 채
한 생의 이력서 같은
피의 족보만 형형하다

견고하게 결성된 뿌리의 가계도 속
불안하게 흔들리는 미망인이란 이름표
이승의 마지막 선물이
모질고도 서럽다

구태의연 녹슨 날로 한목숨 저울질하며
피보다 더 진한 날것의 인연에게
얼마나 더 아프라고
독한 굴레 씌우나

마음으로 읽는 맛

서로가 원조라는 동인동 갈비골목
사십 년 훌쩍 넘긴 동창회가 열렸다
봉인된 옛 기억들이
비법 없이 소환된다

"참말로 얄굿데이, 우째 이리 안 변했노?"
변하지 않은 것이 갈비맛인지 얼굴인지
벌겋게 달아오른 수다
순도 높은 추억들

물숨

내가 펼친 풍경은 늘, 바다의 바깥이었네
물결 따라 출렁이는 테왁들의 점묘화나
한 장의 수채화로 번지는
수평선 끝 노을 같은

몇 봉의 뇌신으로 이명을 다스리며
함부로 뜨지 마라 납덩이에 매달린
그녀의 무자맥질은
짐작 못 한 눈물이었네

거꾸로 서야 닿는
바닷속 푸른 텃밭
수초처럼 흔들리며 갈퀴의 날을 세워
잘 익은 알곡만 골라
품어온 바닥 몇 톨

전복 소라 맵찬 씨알
손 뻗으면 잡힐 듯해도

한계를 넘어가는 욕심은 멈춰야 해
순식간 덮쳐오는 물숨
형체 없는
킬로틴이네

그게 뭐라고

일기장에 이렇게 쓴다
'써브웨이*를 통과했다'

당황과 난감을
궁극으로 채워 넣은

한 량의 둥근 만찬을
성화처럼
들고 온 날

---

*샌드위치 프랜차이즈.

안개병원 605호

너무 늦은 대답이 병실 문을 두드린다
처음 본 얼굴인 듯 멀뚱한 친구 표정
헤프게 남은 웃음만
벙실벙실 딴청이다

가까운 기억부터 지워진다 하는데
어디쯤 나는 지워져 낯선 이로 섰는지
함께한 추억이 건너가다
눈물바람 맞는다

낀거 아님*

개화공원 입구에 목만 내민 양 한 마리
불편도 습관 되면 요람처럼 안락한지
널따란 풀밭을 두고
시멘트 기둥 사이 무념이다

섬광처럼 스치는 시어 몇 줄 잡아놓고
열정과 자책 사이 어르고 달래느라
불면의 벽에 갇히던
내 모습이 저러할 듯

익숙한 고통은 또 하나의 오르가슴
걱정 반 호기심 반 서성이는 나를 위해
때 되면 알아서 나간다고
팻말을 앞세웠다

---

*보령 개화공원 입구 시멘트 기둥 사이에 목이 낀 것처럼 종일 서 있는 양 한 마리 있다. 오해하지 말라고 '낀거 아님'이라는 팻말을 세워두었다.

커피와 가로수길

커피콩 볶는 동안 길이 자꾸 자랐습니다
가로수길 세로수길 취향대로 오시라고
길 따라 사계절 맞춤형
메타세쿼이아도 세웁니다

슬쩍 한번 들인 맛에 헤어날 수 없었다고
커피는 덤이라는 가로수길 걷는 맛
소문이 소문을 데려와
순례길이 이어집니다

연煙꽃이 핀다

역 광장 모래단지는
꽁초들의 사랑방이다

처음 본 얼굴들도 허물없이 얽혀서

몇 모금 기침 소리로
안부를 주고받는

때로는 싸늘하게
눈총이 쏟아지고

얼룩진 손끝은 낙인으로 얼룩져도

극점을 향해가는 애증
멈출 수 없는 맹목이다

순간의 몽환으로
한 생이 거뜬하다면

상처뿐인 짝사랑도 아름답지 않겠냐고

깊숙이 볼우물을 판다
폐부 속 연꽃 핀다

가고파 꼬부랑길벽화마을

무지개 계단 끝에 마르지 않는 우물 있다
시간이 흘러도 퇴색되지 않는 추억 있다
바람도 지우지 못한 반가운 얼굴 있다

가파른 호흡으로 노랫말을 따라가면
마산만 푸른 물결 기척 없이 따라오고
아랫집 따순 안부가
마당 끝을 덥혀주고

시간을 역주행한 꼬부랑 골목골목
행복버스 명상카페 천사의 날개까지
오늘도 현재진행 중
욕심 없는

꿈을 꾼다

로드킬

밀물진 살과 살이 출렁이며 달린다
챙모자와 마스크가 비장하게 달린다
개미와 왕지렁이가 기척 없이 달린다

뱃살을 깎기 위해 달리는 고수부지
누군가는 등이 붙는 허기에 목숨 건다
완벽한 S라인 몸매
서로 다른 꿈을 꾸며

달리고 달리다 삐끗, 속도를 놓치면
멈추지 못한 변명이 순식간 스쳐 가고
단 몇 줄 얼룩으로 남은
비문들이 아리다

마스크

얼굴마다 눈부시던 봄날의 전언들이

계절을 바꿔가며 표정 하나로 버틴다

서로의 안쪽을 읽느라
눈빛만 돌올하다

해설

쓰는 일의 통증, 존재의 아름다움

김효숙(문학평론가)

　시인은 질문이 많은 사람이라서 당연하고 객관적인 것은 그의 관심사가 아니다. 당연한 것은 시인의 언어를 상식적이고 상투적이게 한다. 주관적이고 당연하지도 않은 언어가 우리에게 한 편의 시로 올 때 우리와 다른 생각을 가졌으면서도 종국에는 공감을 이끌어내는 시인의 언어 능력에 찬탄하게 된다. 시인은 의심이 많은 사람이다. 그는 눈으로 보이는 현상의 앞면에 만족하지 않는다. 눈으로만 포획한 것을 의심 없이 수락할 수는 없다는 듯이 현상 이면의 세계로 천착해 들어간다. 그는 우리가 보고도 보지 못한 것에 대하여 맹목을 벗어나게 하며, 이것이 단지 시각 작용에 의한 것이 아님을 보여준다. 시인은 첫눈에 설득력이 있어 보이는 언어를 쓰지 않고 도리어 그것을 숨겨 두거나, 드러내는 시간을 유보한다. 심층에 자리

한 시적 진실로 우리가 잠입해 들어갈 수 있는 것도 어디까지나 시언어의 안내를 통해서이다.

　김주경 시인의 두 번째 시집 『난각번호 1번』은 현상에 그치지 않는 연상 작용으로 세계의 본질을 탐사한다. 모든 현상을 번역한다는 마음으로 시를 쓰면서 잘 번역된 세계를 우리에게 전하고자 한다. 이때의 방법적 실행 중에서 탁월한 연상 작용이 단연 김주경 시인의 시를 남다른 반열에 올려놓게 한다. 형식에 구애받는 시조이면서도 내용의 자유를 구가할 수 있는 요인도 이처럼 활달한 연상 작용 덕분이다. 이 세계의 어떠함을 번역한 그의 언어가 현상에 그치지 않고 심미성을 확보하는 이유도 여기에 있다.

　김주경 시인은 주로 생활인으로서의 감정과 감각을 바탕으로 시를 쓰면서도 세속사에 매이지 않는 시적 행보를 보인다. 크게 세 가지 측면으로 그의 시를 읽을 수 있다. 하나는 시 쓰기 수행과 관련한 것, 다른 하나는 사람의 아름다움을 말하는 경우, 세 번째는 닭이라는 조류를 통하여 세계관을 표명하는 경우다. 그는 살아가는 일과 시 쓰는 일의 가치를 등가로 알고 있으며 이 점에 고무된 시인이다. 프란츠 카프카가 말했듯이, 문학은 순수한 사람에게가 아니라면 적어도 이것에 알맞은 사람에게 맡겨진다. 김주경의 시편 중 상당수에서 한 편의 시 텍스트를 제작하는 자의 자의식이 드러나는 건 그가 순수한 사람이거나 시 쓰기에 알맞은 사람이기 때문이다. 그밖에도 혈연 중심의 가족 이야기, 어린아이의 생명력과 아름다움에 관한 이야기, 젊은 층의 일자리 문제, 소유욕 등 삶의 치열성을 녹여낸 작품이 주종을 이룬다.

1. 쓰는 자의 감각으로 마주하는 세계

시인은 자기 자신이 아닌 존재로 간주되기를 바라면서도 결국 자기 자신인 사람이다. 따라서 우리가 시를 읽을 때 마주하는 주체는 시인이면서 시인이 아니다. 시인은 언제나 자기 내면의 타자와 살면서 양자 간 거리 조정을 통하여 어떤 말을 한다. 이 시집에는 시 텍스트 생산자의 발화일 법한 표현들, 예컨대 자서전·이력서·일기장·첨삭 등의 기표가 자주 등장한다. 시인의 세계관과 연접하는 이 문제는 이후에도 문체·주석 등의 글쓰기 기호로 하나의 표상을 만들면서 한층 깊이를 더하고 있다.

별을 본다는 건 하늘을 본다는 것
하늘을 본다는 건 고개를 들었다는 것

잘했다
이렇게 쉬운 걸 왜,
바닥만 섬겼을까

직립을 배우지 못해 생은 자꾸 흔들리고
처세술도 모른 채 곧추세운 두 개의 뿔

맨발로 걸어온 문장만이
첨삭 없는
자서였다

—「민달팽이」 전문

  첨삭을 거치지 않은 시인의 첫말을 읽는 듯하다. 삶의 조건이 바닥인 자에게 불가능한 것이 하늘 바라보기인 점을 시사한다. 여기에 더해 시적 주체가 처세술을 배우지 못했다는 점이 우리의 가슴을 울린다. 이것이 무학無學에 대한 회한만은 결코 아닌 듯하다. 그가 반드시 배워야 할 것으로는 알지 않았던 것이 처세술임을 고백하는 측면이 있다. 직립의 불가능성을 선천적인 것으로 돌리지 않고 그러한 자세를 배우지 못한 것으로 아는 주체는 필경 민달팽이 같은 자라 해야 한다. 3차원의 세계가 있었음에도 2차원의 세계에 엎드려 있었다는 말은, 3차원 세계로의 진입에 배움이 필연임에도 이것이 자신과 먼 일이었음을 뜻한다. 그만큼 그는 민달팽이처럼 맨발로 걸어 지금에 이른 시인이다. 이 같은 '자서' 쓰기에 배움도 첨삭도 없었다는 말이 진정성 있게 들리는 것은 그런 이유다.

  잎도 없이 피는 꽃은

문체도 간결하다

　　반역을 꿈꾸는
　　밀서처럼 은밀하게

　　출전의 신호탄처럼
　　비장하고 단호하게

　　　　　　　　　　　　―「포스트잇」 전문

　이토록 간결한 단시조에 심층의 깊이를 둔 시인의 공력이 눈부시다. 꽃이 피어나는 순간을 문체의 간결성에 비유하는 시의 내용과 그 형식이 맞춤인 듯하다. 긴말이 더 필요 없을 만큼 간명한 시 형식에는 문체의 그러함도 여실히 반영되어 있다. 잎이 알기도 전에 홀로 피어나는 꽃을 '밀서'로 비유하면서 이 개화에는 필경 어떤 비밀이 있다고 암시한다. 비장미와 단호함이 배인 '출전'이라는 표현만 해도 그렇다. 개화의 순간을 아름다움만으로는 설명할 수 없는 심정을 이 표현에 담아 꽃으로 피어나기 전의 지난한 시간을 묵과하지 않고 있다. 꽃을 밀어내는 시간 이전을 반역하는 일에 대하여, 그리고 그 일이 비장하고 단호할 수밖에 없었던 점에 대하여 우리의 상상력을 주문한다.
　위의 시 「포스트잇」도 그렇지만 김주경 시의 제목들에는 시의 질량이 옹골지게 함축되어 있다. 제목은 시의 절반이라 해도 좋을 만큼 그 의미 작용이 지대하다. 형상으로만 보면 알록달록한 꽃처럼 보이는 포스트잇이지만 그 기능적 측면과 연계하여 시를 읽으면 더 확장된 세계가 눈앞에 펼쳐진다. 문장의 외부에 존재하면서도 시의 의미를 강화하는 제목의 기능을 도외시할 경우 이 시는 절반의 완성물에 그칠 수가 있다. 그러나 책갈피에 귀 같은 표식 하나가 쫑긋 달려 있는 이미지를 떠올려 본다면 이 포스트잇은 짧은 단시조에 담아내지 못한 가외의 의미를 보충하는 상징으로 부상한다. 기억해야 하고, 재차 읽으면서 다짐해 둬야 할 내용을 포스트잇이 지시한다. 포스트잇이 "잎도 없이 피는 꽃"처럼 보인다고 쓴 이유는 바로 여기에 있다. 이렇듯 김주경 시인은 시로 말을 하면서 제목으로는 시의 여백을 보충하는 시적 전략을 펼친다.

    화엄을 꿈꾸던 나무의 일기장이다
    비바람의 무용담과 웃음 헤픈 푸른 잎이
    어둠을 캔버스 삼아 비다듬어 펼쳐놓은

    겹겹의 눈부처로 일렁이는 문장은
    읽을수록 깊어지는 심연 속 우두커니
    떠돌던 몇몇 동사가
    흰 날개를 접는다

    오래 익혀 시울이 말랑해진 속말들

모서리 궁굴리며 나붓나붓 안겨들면

좀처럼 삭지 않던 망상도

스르르 결을 푼다

— 「불멍」 전문

  타자를 배제하고 자신의 영광을 도모하는 자는 "화엄을 꿈꾸"지 않는다. 독야청청 홀로 서 있는 나무가 화엄의 생을 마무리하는 장면이 장엄하게 다가오는 이유도 인간의 이러한 성향 때문이다. 위의 시는 몇 사람의 눈이 나무가 타오르는 장면을 바라보고 있을 거라는 감을 안긴다. "겹겹의 눈부처로 일렁이는 문장"을 읽어내는 화자가 있는 것을 보면 그가 읽어내는 눈부처의 주인도 있어야 할 것이다. '불멍'에 잠긴 사람들이 나무의 생애를 반추하면서 화엄의 덕목으로 그것을 읽어내는 눈동자를 화자가 다시 읽어낸 것이다. '일기장·무용담·문장·동사'처럼 가시적인 것은 물론이고, '속말·망상'처럼 비가시적인 것까지 보이내리리는 "불멍"의 주체들이 지금 나무의 한 생애를 읽는 중이다. 그리고 그 삶이 나무가 연소되는 시간에 새삼스레 읽힌다는 점에서 이 시는 남다른 반향을 지닌다.

  말 없는 나무가 온몸으로 써온 일기를 "읽을수록 깊어지는 심연 속 우두커니"가 이 시의 화자다. 나무의 생애는 "흰 날개를 접는" 연소 작용으로 그의 눈에 비친다. 나무의 생애가 화엄의 과정이었음을 뒤늦게 알게 한 사건 앞에서 촉촉한 눈동

자들이 불명에 잠긴 모습을 연상할 수 있다. 이 시는 나무의 생애란 인간이 말로 표현하는 것과 달리 무언의 화엄이었음을 전한다. 화자가 읽은 나무의 일기장에서 나무는 죽음으로써 화엄을 완성하고 있다.

또 다른 시 「어싱earthing—할머니들」에서 시인은 공터와 할머니의 관계로 "날마다 쓰는 자서전"이 탄생하게 된 내막을 이야기한다. 사계절 내내 푸른 공터를 할머니들이 쓰는 자서전에 비유하면서 생동하는 생명의 기운을 전파한다. '내공'의 깊이와 넓이를 겸비한 이들이 "불볕은 툭툭 분질러 싹 틔우고 열매 달"리게 하는 열정이 '꽃물'처럼 번지는 "요만한 밭뙈기"는 사철 언제든 열려 있다. 그곳에 생명을 잇대고 날마다 자서전을 쓰는 이들의 생명을 기록한 글이 한 편의 시가 되었다.

2. 여리고 약한 존재에게 보내는 경이와 찬사

한 인간에게 가족이란 최초의 안전처이자 최후의 보루다. 시인은 "피의 연대"(「꽃의 연대기」)와 "피의 족보"를 말하면서 혈연의 의미를 환기하기도 하고, "피보다 더 진한 날것의 인연"(「이젠 버리자」)인 부부의 관계도 그려나간다. 가족의 최소 단위가 부부로부터 시작한다는 점에서 가족 이야기는 부부를 떠나서는 성립할 수 없다. 시인은 이런 점을 직접 발화하지 않고 에둘러 말하면서 환기를 통하여 공감을 이끌어낸

다. 아래 시는 길에서 우연히 마주친 한 무리 아이들의 사랑스러운 움직임과 표정들을 '나비' 연상으로 그려내고 있다.

1.
꽃길로 산책 나온 어린이집 아이들
꽃 이름은 몰라도 마냥 신난 걸음으로
웃음에 날개를 단다
봄날의 나비, 나비

2.
졸음이 내려앉아 말랑해진 오후 1시
동화 속 나라엔 한낮에도 별이 뜨지
두 팔을 활짝 펼친다
꿈길 가는 나비잠

3.
동그랗게 모여서 무릎을 접어보자
양반다리 아니야 아빠 다리 아니야
다 함께 꽃길 걸어가는
우린 이제 나비 다리

―「나비, 나비잠, 나비 다리」 전문

시인은 아마도 이 시대 출산율의 급전직하, 1~2인 단독가

구가 급증하는 세태를 직시하고 있을 것이다. 사람의 아름다움을 말하는 시에서 그 주인공이 아이만큼 최적인 경우가 달리 있을까. 시인은 아이들의 걸음걸이를 나비 같다고 하고, 머리 위로 두 팔을 활짝 펼쳐 잠자는 모습을 '나비잠'이라 하며, 꽃길을 걸어가는 아이의 다리를 '나비 다리'라 부른다. 동화 같은 페이지마다에서 아이들의 일거수일투족을 보는 듯한 이 시에서 우리는 눈길을 떼지 못한다. 그런가 하면 「무화과」에서 아이는 "일 나간 엄마 발소리"에 "저물도록 귀"를 기울인다. "꾹 다문 다섯 살의 울음"이 "담장을 넘을까 말까" 아슬아슬한 장면을 담장 위에 걸쳐진 무화과나무의 표상으로 전하고 있다. 어린 생명의 기다림, 생계를 위해 분투하는 어머니의 하루를 '담장'의 이쪽과 저쪽에서 바라보게 한다.

  사람 사는 세상에서 가장 필요한 것이 무엇인가라는 질문을 누군가가 던진다면 우리는 어떤 답을 마련할 수 있을까. 아마도 사람은 여기에 포함되지 않을 공산이 크며, 사람을 제외한 물질이나 추상어들을 나열할지도 모른다. 김주경 시인이 쓴 것처럼 서로가 "한통속"이고 유유상종인 사람들이 "한 숨결로 이어진/꽃의 연대"를 이루어 살아가는 세상의 아름다움을 기대하는 사람이라면 누구보다 행복한 사람이리라. 「우리의 아침은 달콤하다」에서처럼 '우리' 공동체의 달콤한 아침은 군고구마를 준비해 둔 어느 한 사람의 노고에서 비롯한다. 이것이 "단순하고 맹목적인 내 사랑의 방식"이라는 점에서 화자에게 사랑의 실천은 차라리 단순하고 맹목적인 사람이 되기로 하면서 가능해진 것이다. 건강한 공동체에서 웃음이 번져 나는 것은 당연지사다. "다급한 출근길을 막무가내 막고서" "단물이 흐르는" 군고구마를 가족 구성원의 입안에 넣어주는 화자 덕분에 가족 간에 '냉기'와 '허기' 같은 냉담함이나 결핍의 감정이 들어설 여지가 생기지 않는다. 반면에 "혼밥과 혼술"을 지겹도록 먹었던 세칭 '기러기 아빠'는 혼자서 쓸쓸히 생을 마감한다(「기러기, 날개 접다」). 한 사람의 꿈을 실현하기 위하여 다른 한 사람은 그 꿈의 지원자여야 했던 현실에서 이제 더 이상 꿈을 좇아 떠난 이들의 미래조차 희망적으로 예측할 수 없게 되었다.

사람의 아름다움을 꽃에 비유하는 시에서 우리는 사람보다 더 아름다울 수밖에 없는 꽃의 존재감을 부인하지 못한다. 그런데도 꽃은 언제나 인간의 소유였으며, 인간만이 이 세계의 중심에서 만유를 지배할 수 있었다. 인간이 이 세계의 주인이기를 자처했던 인류 역사에서 인간과 비인간의 지위가 대등한 적은 없다. 아래 시는 인간의 소유욕을 자극하는 꽃이 아름다움에 관하여 말하면서 그 소유의 의미를 되묻는다.

> 뒷산에서 품어 온 제비꽃 한 무더기
> 발톱 뽑고 이빨 뽑고 성대도 잘라내고
> 야생의 때깔 벗겨내니
> 함초롬히 방글댄다

아침저녁 눈 맞추며 내 것이라 흐뭇한데

지난밤 기척도 없이 가운데가 패였다

아뿔싸 도둑 들었네

앙큼스런 꽃도둑

꽃도둑은 도둑이 아니라는데 어쩌자고

스치는 얼굴마다 제비꽃을 겹쳐놓고

봄 내내 원형탈모증을

앓고 또, 앓는지

—「도둑이 아니라는데」 전문

꽃 존재론을 생각해 볼 것을 주문하는 시다. 뒷산에서 화자의 집으로, 다시 이웃집으로 거처를 옮겨 가는 사정에 '도둑'이라는 주체가 등장한다. 꽃의 자리를 임의로 옮긴 이들이 그 장본인으로서 화자는 그를 도둑이라 불러 본다. 심지어 제비꽃을 '내 것'이라면서 이 꽃을 도둑맞은 심정을 피력한다. "꽃도둑은 도둑이 아니라는데" 도둑이 틀림없다는 생각을 자꾸만 하게 된다. 이 꽃을 애초에 "뒷산에서 품어" 왔으므로 자기 것이 아닌데도 이웃의 얼굴에 제비꽃이 겹치면서 도둑몰이를 하고만 있다.

인간 존재론을 말할 때 인간을 중심으로 하는 것처럼, 시인은 꽃 존재론을 말할 때도 꽃 중심의 세계관을 펼친다. 이 시에 등장하는 제비꽃은 인간이 주인인 세계에서 그 인간과의 관계를 말하는 상대역으로 등장한다. 꽃에 접근하는 인간의 욕망을 소유욕이라는 개념으로 이야기하고 있는 것이다. 존재론이란 것은 어떤 경우에도 인간의 현존과 무관하지 않으며, 타 존재에 대한 인간의 반응을 담아내게 된다. 이 시에서 꽃은 인간이 객체로 취급하는 대상이기에 임의대로 전유할 수도 있다. 그렇지만 시인이 꽃 도둑은 도둑이 아니라고 말함으로써 꽃의 존재론을 이해하는 방식 중의 하나를 안겨 준다. 꽃의 존재론은 인간의 소유와 무관하게 오직 꽃이 지닌 생명을 누구나 존중하는 일이라는 점이 그것이다.

3. 깨어나는 아픔과 홀로 서기

한 인간이 자립하는 데는 여타의 동물 종보다 훨씬 많은 시간이 필요하다. 보살핌의 시간이 길어지는 만큼 자립도 늦어지므로 사회적 인간으로서 성숙도를 부모로부터 자립한 시기로 판단하게 된다. 모두 세 편의 연작시 「난각번호 1번」에서 시인은 알을 깨고 나오는 병아리를 시작으로, 달걀이 수요자의 집에 배달되고, 급기야 폐업하게 된 사정을 고도의 비유로 들려준다. 말하자면 이 시는 어린 생명체가 성체가 된 후 다시 알을 낳는 과정을 빌려 인간의 생애 곡선을 그리면서 자립 문제, 희망 회로 속에서 꿈꾸며 살아가기, 그리고 곤경과 좌절의 과정을 묘사한다.

가장 깊은 몸속에 심장을 묻었네
햇덩이를 삼켰다는 태풍의 기운으로
난생의 오래된 문장
발아를 시작하네

무골의 세상에다 잔뼈를 키우느라
옹골찬 꿈의 자리 수위가 높아지고
미생의 마지막 증언처럼
날이 서는 목울음

눈 뜨는 모든 순간 날개가 생긴다고
줄탁의 고행으로 나를 깨운 어머니
민숭한 젖은 어깨에 벌써
바람이 깃을 펴네
—「난각번호 1번—부화」 전문

  연작시 중 맨 앞에 놓인 이 시에서 '난각'은 알의 맨 바깥층을 이른다. 달걀 껍데기에 총 열 개의 숫자가 있는데 그중 마지막 숫자가 사육 환경 번호다. 이 점을 「난각번호 1번—폐업」으로 유추해 보면 "동물복지 자연방사"로 사육한 닭이 낳은 알에 1번 번호가 붙는 듯하다. 이 연작시는 사실 전달에 그치지 않는 미학적 실천으로 높은 성취를 보인다. 부제목만 보더라도 부화-꿈-폐업 과정을 한눈에 보여주는 듯하고, 그 의미를

짚어 나가다 보면 표면적인 접근으로는 보이지 않았던 시적 진실이 드러나기 시작한다. "줄탁의 고행으로 나를 깨운 어머니"에서 연상할 수 있는 것은, 난각 바깥에서는 어미 닭이, 난각 안쪽에서는 생명체가 알 껍데기를 쪼아대는 장면이다. 이는 생명체 하나의 탄생에 끝까지 관여하는 모성의 힘을 일깨우는 부분이다. 되짚어 읽을수록 심층 의미가 드러나는 이 시에는 생명이 시작되는 부위인 심장, 무골에서 유골로, 자신이 나아갈 길을 트며 알 껍데기를 톡톡 쪼아대는 생명체의 이미지가 선연하다. "젖은 어깨에 벌써/바람이 깃을 펴"는 것을 보면 탄생 순간부터 이 생명체에게 삶의 통증은 필연인 듯 새겨져 있다.

현대시조가 최근 들어 내용 면에서 다양한 실험을 거치며 진보하는 양상이 뚜렷하다. 좋은 시조가 지닌 잠재성이 차츰 가시화하는 현상도 매우 고무적이다. 활발한 자유연상이 시조에 활기를 불어넣으면서 읽고 싶은 시조들이 속속 발표되고 있다. 김주경 시인도 그 반열에서 새로운 시조를 열정적으로 써나가고 있다. 활발한 연상 작용으로 상상의 공간을 확장하는 시에서 상당 부분은 독자가 해석해야 할 영역으로 남는다. 김주경 시인이 그리는 세계에 접속한 우리의 감각은 상상력이 살아 있는 한 어떤 장애에도 구애받지 않는다. 이 같은 역량이 시인에게서 와 우리의 무딘 감각을 깨우는 데서 이 시집의 존재 이유를 발견하게 된다.

가히 시선 013

난각번호 1번

ⓒ 김주경

초판 1쇄 인쇄　2025년 5월 12일
초판 1쇄 발행　2025년 5월 20일
　　　지은이　김주경
　　　펴낸이　김석봉
　　　디자인　헤이존
　　　펴낸곳　문학의전당
　　출판등록　제448-251002012000043호
　　　　주소　충북 단양군 적성면 도곡파랑로 178
　　　　전화　043-421-1977
　　전자우편　sbpoem@naver.com

　　ISBN　979-11-5896-692-8　03810

*이 책의 판권은 지은이와 문학의전당에 있습니다.
*양측의 서면 동의 없는 무단 전재 및 복제를 금합니다.
*잘못 만들어진 책은 바꿔드립니다.
*이 시집은 2025년 경상남도, 경남문화예술진흥원의 문화예술 지원을 보조받아 제작되었습니다.

 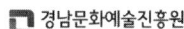